27

Ln 10393.

NOTICE

sur

LE MARQUIS ACHILLE DE JOUFFROY D'ABBANS.

NOTICE

SUR

LE MARQUIS ACHILLE DE JOUFFROY D'ABBANS

Lue à la Société littéraire de Lyon,

Le 6 avril 1864,

Par M. LE MARQUIS DE BAUSSET-ROQUEFORT,

OFFICIER DE LA LÉGION-D'HONNEUR, ETC.

Auteur de travaux économiques couronnés par l'Académie française
et de travaux statistiques couronnés par la Société de statistique de Marseille;
ANCIEN MEMBRE DU JURY INTERNATIONAL DE L'EXPOSITION UNIVERSELLE DE 1855
ET DE DIVERS CONGRÈS SCIENTIFIQUES INTERNATIONAUX, ETC;
L'un des fondateurs de la Société internationale des études pratiques d'économie politique
et de celle de statistique de Paris;
Correspondant de l'Académie de Mâcon ; membre titulaire, honoraire,
ou correspondant d'autres corps savants.

LYON

IMPRIMERIE D'AIMÉ VINGTRINIER

RUE DE LA BELLE-CORDIÈRE, 14.

1864

L'histoire des conquêtes de l'esprit humain offre de nombreux exemples des amères déceptions réservées aux hommes de génie annonçant une science nouvelle, avant les temps marqués pour sa propagation et à ceux doués d'une intuition exceptionnelle. Les intelligences privilégiées, accomplissant irrésistiblement leur mission, sans tenir compte des enseignements ni des obstacles, montrent quelle serait la puissance de la créature animée du souffle divin, si la déchéance n'avait obscurci ses facultés et soumis aux labeurs l'obtention de tous les biens de ce monde.

Le fils aîné de l'inventeur du pyroscaphe, Achille de Jouffroy, était doté magnifiquement d'aptitudes diverses dont une seule aurait suffi pour faire sa fortune ; cependant, il mourut pauvre comme son père, ayant perdu dans la fondation d'un établissement métallurgique dont il voulait doter la France, ou consacré aux expériences scientifiques, des profits laborieusement acquis. Entraîné par les événements de son temps, il fut soldat sous l'empire ; journaliste, littérateur, poète, historien pendant la restauration ; après la révolution de 1830, quoiqu'il n'eût jamais été lié à la branche aînée des Bourbons par des fonctions publiques, il se fit une retraite en s'adonnant presque exclusivement à l'étude des sciences mécaniques.

J'ai recueilli de la bouche même de Jouffroy, dans les causeries intimes d'une amitié de trente ans, les principaux événements de sa vie ; j'ai contrôlé et complété mes souvenirs au moyen des renseignements mis à ma disposition par son beau-père, M. le colonel de Posson qui, à l'âge de 87 ans, malgré les blessures et les infirmités rapportées de sa glorieuse carrière, n'a pas cessé d'être un type des qualités aussi solides qu'aimables du cœur et de l'esprit.

Achille-François-Éléonore naquit à Écully-lès-Lyon, le 20 janvier 1785, de messire Claude-François-Dorothée, marquis de Jouffroy d'Abbans, inventeur du pyroscaphe, et de dame de Pingon de Vallier ; à l'âge de sept ans, on lui donna pour précepteur un ecclésiastique d'un grand mérite, nommé Blond. Les parents de Jouffroy s'étaient prononcés aux états provinciaux pour la suppression des priviléges de la noblesse, mais la révolution, passant des réformes applaudies en 1789 au régime de la terreur, les força d'émigrer ; son père et son oncle le prince Maurice de Montbarey colonel du régiment de Monsieur allèrent offrir leurs services aux princes français à Coblentz. L'abbé Blond dut bientôt s'éloigner de la France avec son élève ; ils se rendirent d'abord à Ettenheim, où se trouvait la légion de Mirabeau, dans laquelle M. de Jouffroy père avait été incorporé, ensuite à Fribourg qui offrait toutes les ressources désirables pour l'éducation. Ils rencontrèrent en Suisse le prince de Montbarey grand oncle d'Achille Jouffroy, ancien ministre de la guerre (de 1777 à 1780), sa grand' tante paternelle chanoinesse du chapitre de Baume-les-Dames, d'autres religieuses et religieux expulsés de leurs pieux asiles au nom de la nation et du salut public, des prêtres et de nobles familles n'ayant conservé la vie qu'en abandonnant leurs biens. Dans ces temps néfastes, la piété, la vertu, la fortune marquaient les victimes ; les prisons et les échafauds avaient remplacé les sanctuaires profanés et les autels renversés ; chaque jour on apprenait l'exécution d'un parent, d'un ami et d'un grand nombre de personnes de toutes conditions ; parmi les émigrés, beaucoup succombaient aux chagrins et aux privations, ou allaient offrir leur tête au bourreau en rentrant en France ; le colonel Saint-Maurice Montbarey étant revenu à Paris fut condamné par le tribunal révolutionnaire en 1794, son père mourut de douleur à Constance peu de temps après.

L'impression profonde de ces calamités sur l'esprit du jeune Jouffroy ne s'effaça jamais ; le bivouac d'Ettenheim resta dans sa mémoire comme la pieuse légende de loyaux chevaliers se dévouant pour délivrer la patrie des monstres qui déchiraient son sein ; aussi, lorsqu'il reçut un brevet de sous-lieutenant à la suite dans l'armée de Condé , brevet signé des frères du roi, contresigné par le comte de Mirabeau et par le maréchal de Broglie, cette distinction honorifique lui parut le plus beau titre de noblesse et lui inspira une ardeur nouvelle au travail. Ses progrès furent si rapides, que son éducation aurait pu être terminée en quatre ou cinq ans ; néanmoins, en continuant d'étudier pendant dix ans, il apprit avec plus de fruit qu'on ne le fait généralement les langues latine, grecque , allemande, anglaise, italienne, ainsi que la littérature, l'histoire et les mathématiques. En 1802, il revint dans sa famille rentrée de l'émigration et retirée au château d'Abbans, préservé de la confiscation par un parent resté en France.

Achille Jouffroy atteignait alors sa dix-septième année ; initié par son père aux travaux mécaniques, il apprit à tourner, à forger, à polir, à manier toute sorte d'outils avec l'adresse des ouvriers les plus habiles ; c'était, à la fois, un délassement agréable, un exercice salutaire, un apprentissage utile qui développaient ses dispositions aux inventions mécaniques dont un auteur doit pouvoir exécuter lui-même les modèles. La conscription de 1804 vint l'arracher à ces occupations, il en éprouva un vif chagrin, mais l'idée d'aller défendre son pays adoucit les regrets de quitter sa famille. Il rejoignit le 106ᵉ d'infanterie de ligne cantonné dans les États vénitiens, traversa rapidement l'école de soldat et de peloton ; puis, moins assujéti, il employait les moments de loisir chez un tourneur de chaises et de tuyaux de pipes pour lequel son adresse était une bonne fortune.

Un dimanche, à l'inspection, la musique du régiment ne se fit pas entendre, les instruments étaient presque tous hors de

service et dans le village il n'y avait aucun ouvrier capable
de les réparer. Le major demanda si parmi les conscrits il ne
se trouvait pas un luthier ou tourneur pouvant se charger des
réparations ; Jouffroy ayant été désigné, le capitaine de la
musique reçut l'ordre de s'entendre avec le tourneur de chaises
pour la location des outils et la fourniture de tout ce qui serait
nécessaire. Le dimanche suivant, les instruments remis à
neuf firent entendre des sons harmonieux, le major félicita
Jouffroy devant le régiment et lui promit les galons de caporal à la première bataille, s'il se montrait aussi brave
soldat qu'habile ouvrier. La campagne de 1805 s'ouvrit
bientôt, le 106ᵉ eut à combattre à l'avant-garde, Jouffroy
s'y distingua par son courage et reçut une balle dans la cuisse
gauche. Il était à l'hôpital de Palma-Nova depuis plusieurs
mois, lorsque M. de Mazade, commissaire ordonnateur, passant la revue de l'hôpital, s'informa s'il n'y avait pas quel-
que convalescent sachant écrire correctement ; tous les
malades exclamèrent à la fois que Jouffroy écrivait toute
la journée et qu'il devait être *fameusement habile*. Dans
ce moment Jouffroy, accroupi sur sa couchette, traçait des
courbes et avait autour de lui des feuilles de papier couvertes
de formules algébriques ; la proposition qui l'éloignait de la
société des soldats fut acceptée avec empressement. Le
commissaire voyant un jeune homme de famille, d'une
éducation distinguée, le fit placer dans son cabinet, l'admit
à sa table et lui accorda sa confiance. Quelques mois après,
la paix de Presbourg donna Venise à l'empereur, le commissaire, appelé dans cette ville, y emmena son secrétaire
qui fut heureux de pouvoir visiter les beautés artistiques de
la reine de l'Adriatique.

Un jour, à l'entrée du port, Jouffroy considérait une ving-
taine de plongeurs, rapportant de temps en temps du fond
de la mer quelques minces débris de bois ; on lui apprit qu'à

une époque fort ancienne une galère de grande dimension, ayant coulé en cet endroit, n'avait jamais pu être relevée, et que les navires d'un fort tonnage n'entraient dans le port qu'en s'exposant à de graves avaries ; depuis deux ans, on s'efforçait d'enlever les plats-bords de la galère pour abaisser d'autant la profondeur de la mer, mais les résultats de ce pénible travail étaient insignifiants. Jouffroy, méditant sur les moyens de dégager l'entrée du port, oublia son bureau et n'y rentra que trois heures plus tard que de coutume ; le commissaire d'abord inquiet, puis mécontent, le menaça de le renvoyer au régiment ; mais il fut apaisé lorsque son secrétaire lui eût expliqué qu'il se faisait fort de mettre à flots la galère tout entière en un mois et à peu de frais, à la seule condition qu'après la réussite on lui accorderait son congé définitif du service militaire. La vie de soldat, la balle dans la cuisse, le séjour à l'hôpital et l'attente prolongée des galons de caporal avaient singulièrement refroidi l'ardeur martiale du conscrit de 1804.

Les autorités de la ville et le commandant du port repoussèrent d'abord comme une mauvaise plaisanterie la proposition du jeune soldat ; ce ne fut pas sans peine que le commissaire obtint qu'on l'entendît et qu'on mît à sa disposition les ouvriers et les objets nécessaires. Dès le lendemain, Jouffroy était à l'œuvre ; le moyen qu'il avait conçu consistait à entourer la coque de la galère submergée, au-dessous de la ligne de flottaison, d'un fort câble auquel seraient fixées des poulies de deux en deux mètres de distance, afin d'y amarrer des barriques vides, en quantité suffisante pour faire contre-poids. Lorsque la galère commença à se détacher du fond de la mer, le travail ayant été suspendu, les autorités et les notabilités de la cité furent convoquées pour assister à la mise à flots ; la population entière accourut sur les quais et la mer se couvrit de gondoles. Jouffroy avait

fait préparer d'avance des barriques vides, disposées de fa-
çon à pouvoir être immergées à côté de celles qui l'étaient
déjà, ce qui détermina l'ascension, annoncée par un cra-
quement sourd suivi de l'apparition du chapelet de barriques
exhaussant la galère saluée par les acclamations de trente
mille spectateurs. Des ouvriers armés de pelles procédèrent
aussitôt à l'enlèvement du sable, tandis que cinquante pompes
étaient installées ; le soir du même jour l'entrée du port était
libre et la galère amarrée dans l'intérieur. L'opération avait
duré en tout trente-deux jours ; il en fut rendu compte au
prince Eugène vice-roi d'Italie et, huit jours après, Jouffroy
reçut sa libération du service militaire ; néanmoins il continua
ses fonctions de secrétaire auprès du commissaire devenu son
ami. Au mois de février 1806, le comte de Lauriston, aide-
de-camp de l'empereur, vint rétablir les services de la marine à Venise ; Jouffroy fut chargé, en qualité d'ingénieur
directeur, d'organiser à l'arsenal les ateliers de mécaniques,
de boussoles, de modèles, de fonderie, etc. Dans ces nouvelles fonctions, son habileté, son activité, sa probité, l'a-
ménité de ses manières lui acquirent une grande considération et des amis qui lui restèrent fidèles ; il construisit deux
beaux navires : *la Princesse-Auguste*, brick de 20 canons,
et le *Rivoli*, vaisseau de 74 canons.

Au commencement de 1810, l'empereur voulant former
dans le golfe de Venise une division navale franco-italienne,
le commandant Dubourdieu se rendit de Toulon à Milan
pour recevoir les ordres du vice-roi ; tous les navires dispo-
nibles furent réunis à Venise et conduits à Ancône port de
rassemblement. On prit la mer au mois d'octobre pour aller
détruire les établissements que les Anglais avaient formés à
l'île de Lissa; la division navale revint ensuite hiverner à
Ancône.

L'année suivante, l'ordre fut donné de s'emparer de
l'île de Lissa et de s'y fortifier; en conséquence, on embar-

qua 550 hommes de la garde italienne commandés par le colonel Giflinga aide-de-camp du vice-roi, 50 ouvriers de la marine sous la direction de Jouffroy, des pièces de campagne avec leur matériel, etc.

L'escadre se composait de trois frégates françaises : la *Favorite*, la *Flore*, la *Danaé* et de sept bâtiments italiens : la frégate la *Couronne*, les corvettes la *Bellone* et la *Caroline*, le brick la *Princesse-Auguste*, un chibook, deux goëlettes ; Dubourdieu arbora le guidon de commandement sur la *Favorite*. L'escadre appareilla le 11 mars dans l'après-midi ; le 13 au matin, les embarcations envoyées en reconnaissance revenaient sans avoir pu obtenir des renseignements sur la position de l'ennemi ; mais, quelques heures après, une frégate anglaise parut, suivie de trois autres qui vinrent se ranger en ligne de bataille. Aussitôt Dubourdieu donna le signal de branle-bas de combat et l'ordre de laisser arriver en forçant de voiles ; la *Favorite* ouvrit le feu sur la frégate anglaise portant pavillon de l'amiral Sidney-Smith et le combat devint général. La victoire était disputée depuis trois heures avec un acharnement égal des deux côtés; la *Favorite* allait tenter pour la seconde fois l'abordage de la frégate amirale, lorsque celle-ci, filant vent arrière, lança une bordée qui désempara la *Favorite*, tua le commandant Dubourdieu, un enseigne, des matelots, des soldats, blessa mortellement le second, deux aspirants et beaucoup d'autres ; Jouffroy eut le bras gauche déchiré par un éclat ; le désordre se mit dans l'escadre, la *Bellone*, la *Couronne*, la *Princesse-Auguste* tombèrent au pouvoir des Anglais, les autres bâtiments se réfugièrent à Lisine.

Jouffroy resté seul vivant des officiers de la *Favorite*, prit le commandement, fit échouer la frégate, se hâta d'opérer le sauvetage des blessés, du restant de l'équipage, des soldats, des morts et des objets précieux ; puis, ayant fait pratiquer une mèche à la soute aux poudres, il y mit le feu et s'éloigna rapidement ; dix minutes après, la frégate volait en éclats devant les Anglais qui s'avançaient pour la capturer. Après avoir rendu les derniers devoirs aux morts et pourvu aux soins que réclamaient les blessés, il ramena les survivants valides à Ancône ; sa blessure négligée exigeait des soins et du repos ; dès qu'il fut rétabli, il se rendit à Milan auprès du vice-roi, qui le nomma directeur des mines de plomb argentifère et aurifère de Vico–Novo et Brasio, auxquelles Jouffroy joignit celles de charbon fossile de Monte-Carpione, qu'il découvrit ; il passa deux ans dans cette position aussi agréable qu'indépendante, relevant immédiatement du ministre du royaume d'Italie. Lorsqu'il fallut combler les vides qu'avait faits dans tous les services la campagne de Moscou, Jouffroy fut appelé à remplir les fonctions de commissaire de guerre du deuxième corps d'armée à Udine et attaché à la division Fraycinet pendant les campagnes de 1813 et 1814. La paix du 20 mai lui rendit la liberté ; il avait servi onze années, fait huit campagnes, reçu deux blessures ; si l'on se rappelle les événements de la révolution qui présidèrent à sa première éducation, on jugera avec quelle joie il dut saluer la restauration du trône des Bourbons ; cependant, l'impression du régime de la Terreur avait laissé dans son esprit l'horreur des excès qui empruntent le prétexte de l'intérêt public ; il défendit la légitimité avec talent et conviction, comme principe d'ordre social et non comme le drapeau d'un parti réactionnaire ; il appartenait à cette génération grandie au souffle magnétique de la liberté, animée d'un enthousiasme patriotique aux récits de nos victoires, qui, confondant les malheurs et les enseignements des mauvais jours, s'est trouvée identifiée avec les idées de progrès réalisées en 1789, répudiant les crimes qui en 1793 épouvantèrent l'humanité.

Au retour de Napoléon, le 20 mars 1815, Jouffroy publia une brochure politique intitulée : *Des idées libérales en France*, dédiée aux électeurs ; cette brochure fut saisie, l'auteur rejoignit Louis XVIII à Gand et fit comme volontaire la campagne de 1815. Après les Cent-Jours, ses écrits le placèrent aux premiers rangs des écrivains politiques ; en 1815 et 1817, il était un des rédacteurs du *Drapeau blanc* et du *Conservateur* ; de 1816 à 1823, il fut directeur du journal l'*Étoile* (*Gazette de France*) ; en 1830, il fonda un journal intitulé le *Pour et le Contre ;* en 1831 et 1832, il dirigea à Londres le journal français le *Précurseur*. De retour à Paris, il prit la direction du *Rénovateur* en 1833 et 1834, et de l'*Europe monarchique* en 1837 et 1838. Son nom figura pendant ving ans parmi les collaborateurs de la publication hebdomadaire l'*Observateur* (marine et colonies). Plusieurs de ses brochures eurent un succès mérité, telles que les suivantes : *Conspiration du 19 août 1820* ; — *Le nouveau ministère*, 1829 ; — *Avertissement aux souverains*, Londres, 1831 *; La foudre*, 1839, etc.

Entre les nombreux témoignages de sympathies qu'il reçut, il aimait à rappeler la lettre suivante :

Bordeaux, 6 octobre 1821.

« Voici, Monsieur le comte, le petit présent que j'ai été
« chargé de vous offrir ; je n'ai pas voulu attendre le dé-
« part de nos dignes députés pour vous l'adresser, dans la
« persuasion que vous seriez empressé de posséder un meu-
« ble ayant appartenu au président Montesquieu. Nous dé-
« sirons, Monsieur le comte, qu'il vous parvienne le plus
« tôt possible ; il figurera convenablement sur votre bureau,
« et, quoique vous n'ayez pas besoin d'inspiration, l'usage
« de ce petit meuble ne peut qu'être utile à vos excellents
« articles, par le souvenir du célèbre écrivain qui y puisa la
« matière de tant de bons ouvrages.

« Veuillez joindre à ce souvenir, M. le comte, celui de
« l'estime particulière que votre conduite et vos talents ont
« inspirée aux héritiers de l'homme qui illustra la France
« par ses ouvrages dans la carrière que vous parcourez déjà
« avec tant de talent.

« J'ai l'honneur, etc.

« *Signé :* Max. DE MONTESQUIEU. »

En 1821, Jouffroy parut au congrès de Leybach, réuni
pour aviser aux moyens de réprimer la révolution de Naples.
En 1822, il accompagna le duc de Montmorency, ambassadeur extraordinaire au congrès de Vérone, où il remplit
les fonctions de rédacteur des protocoles. L'empereur
Alexandre qui se connaissait en hommes le distingua et
lui donna des témoignages particuliers de bienveillance et de
confiance. Voici comment Jouffroy racontait la décision du
congrès relativement à l'intervention française en Espagne,
pour rétablir sur son trône Ferdinand VII, à qui l'insur-
rection militaire avait imposé une constitution. Louis XVIII
voulait intervenir ; mais M. de Villèle, ministre des finances,
craignant que la guerre ne fît baisser les fonds à la Bourse,
suscitait des difficultés et avait chargé Châteaubriand de
combattre l'intervention. L'empereur Alexandre, qui était
l'âme du congrès, partageait les vœux de Louis XVIII ; con-
naissant les dispositions de chacun des membres, il chargea
Jouffroy de rédiger un protocole dans le sens de l'intervention;
le lendemain à six heures du matin, il vint lui-même prendre
le projet, le porta à la séance, pria le duc de Montmorency
de le lire ; la lecture achevée, l'empereur reprit le papier en
disant : c'est entendu, le congrès approuve. Châteaubriand
se hâta de retourner à Paris, M. de Villèle lui-même se
fit honneur de la décision qu'il n'avait pas pu combattre ou-
vertement. Les offres brillantes de l'empereur Alexandre ne

purent séduire Jouffroy ; le gentilhomme français ne voulut pas renoncer à servir son pays et son roi ; au retour de Vérone, il refusa un emploi élevé dans le ministère des affaires étrangères afin de conserver son indépendance comme écrivain, Louis XVIII le nomma chevalier de la Légion-d'Honneur, en lui assignant une pension de mille écus sur sa cassette.

La guerre d'Espagne fut promptement terminée, mais Ferdinand VII manquait des ressources financières indispensables pour affermir son autorité ; la révolution employait tous les moyens de le tenir sous sa dépendance, en empêchant qu'on lui fît parvenir des fonds ; le marquis de Croy-Chanel avait négocié un emprunt, Jouffroy trouva le banquier Guebard et parvint avec une audace habile à porter au roi d'Espagne le premier million. Après l'accomplissement de cette mission, il s'adonna plus particulièrement aux travaux industriels et scientifiques ; sa participartion à la négociation d'un emprunt pour Don Miguel roi du Portugal, en 1832, et l'organisation à Rome, en 1834, d'une banque dont M. Rubichon avait obtenu le privilége, furent des opérations financières sans caractère politique ; la banque de Rome continue de rendre de grands services aux Etats-Pontificaux.

Jouffroy fit partie des réunions littéraires et scientifiques avec les hommes les plus éminents ; il concourut à la fondation des Sociétés d'encouragement pour l'industrie nationale, des auteurs dramatiques et du caveau ; il fit partie de celles des hommes de lettres, des antiquaires de Normandie et d'un grand nombre d'autres qui tinrent à honneur d'inscrire son nom sur leurs listes. Pendant qu'il gouvernait la banque de Rome, il fut reçu membre de la Société tibérienne des sciences, lettres et arts de cette ville, le 22 novembre 1834, avec un éclat exceptionnel. Son discours, en langue italienne qu'il possédait comme le français, fut imprimé dans les annales de l'académie ; le vénérable et docte cardinal Micara, général des capucins, répliqua éloquemment au récipiendaire.

Malgré la multiplicité de ses travaux dans la presse quotidienne et dans les revues, Jouffroy trouvait le temps, grâce à la rapidité de ses conceptions et à la facilité de sa rédaction, de s'occuper de littérature, de poésie, d'histoire ; il publia successivement : en 1818, *Le Vampire*, mélodrame, dont Nodier fit le prologue, Piccini la musique, Carmouche la mise en scène ; — *Maurice et Gusman, mœurs portugaises*, comédie en un acte, 1819 ; — *Les Bacchanales de Thèbes*, tragédie lyrique en un acte, 1819;—*Berthe, fille d'Alpadus, roi de Hongrie*, comédie lyrique en trois actes, 1820 ; — *Les fastes de l'anarchie*, précis chronologique des événements mémorables de la Révolution française, 2 vol. in-8, 1820, ouvrage qui eut six éditions;—*Don Querido*, comédie en langue italienne et en vers, deux actes, 1825 ; — *Patelinos, mœurs espagnoles*, comédie en un acte, 1825 ; — *Le Revenant, mœurs du XVIe siècle*, prologue, 1826 ; — *Les suites du crime, mœurs italiennes*, un acte, 1829;— *Czerni-George*, drame en vers, deux actes, 1829 ; — *Le Gendre de Faust*, comédie lyrique, en vers, deux actes, 1829 ; — *Les Burkers, mœurs anglaises*, drame mêlé de chants, un acte, 1831 ;—*Le Choléra morbus, épisode de la guerre de Pologne*, Londres, 1832 ; — *La Saisie, ou le loyer échu*, comédie mêlée de chants, un acte, 1833 ; — *Charles X à Holy-Rood*, nouvelle, 1833 ; — *Mes adieux à l'Angleterre*, satire en vers, 1833 ; — *La Conjuration d'Ardres*, en 1665, nouvelle, 1834 ; — *Jeune et vieille France*, nouvelle, 1835 ; — *Le château de Lueg*, nouvelle, 1834 ; — *Le Festin des morts*, nouvelle ; — *Introduction à l'histoire de France, ou description physique, politique et monumentale de la Gaule*, *depuis l'an* 900 *avant Jésus-Christ jusqu'à l'an* 418 *de l'ère vulgaire*, 1 vol. in-fol. orné de 24 planches représentant les monuments celtiques, druidiques, romains, etc.; ouvrage couronné par l'Académie des inscriptions et belles-lettres, en 1839 ;—*Dictionnaire des erreurs sociales*, 1 vol. grand in-8 de 1500 pages, 1852 ;—*Dictionnaire des inventions*, 2 vol. grand in-8, 1854.

Je pourrais citer un nombre infini d'autres publications sorties de la plume de Jouffroy ; il fit aussi des compositions musicales fort estimées pour piano, pour guitare et des partitions. La littérature était pour lui un délassement plutôt qu'un travail, toutes ses œuvres avaient un caractère de simplicité naturelle, relevée par le charme du style.

Les travaux auxquels Jouffroy attachait le plus d'importance étaient relatifs aux mines, à l'industrie, aux arts mécaniques ; il rédigea deux savants mémoires sur les mines de l'Italie (1812, *Annales des mines*) ; il fit paraître une description du bassin houiller métallurgique de Straffordshire (1818) et un rapport sur les mines des Pyrénées-Orientales (1829). Pendant les années 1838, 1840, 1843, 1846, l'Académie des sciences, saisie de ses mémoires sur la navigation à vapeur et sur le système des chemins de fer, suivait ses expériences et encourageait ses travaux.

En 1824, Jouffroy avait conçu le projet d'enrichir la métallurgie française du système anglais de hauts fourneaux à cook et à soufflerie à vapeur, alors encore inconnus dans notre pays ; il fit construire l'usine sur une grande propriété lui appartenant, dans le département de la Loire-Inférieure, près de la Trappe de la Meilleraye ; les produits en fonte douce qu'il obtint dès 1828 faisaient une concurrence avantageuse aux fontes anglaises, mais Jouffroy ne pouvait concentrer son existence dans une usine, il se laissa persuader de mettre l'entreprise en commandite, un gérant anglais dissipa les fonds des actionnaires , les charges absorbèrent la valeur de la terre et du matériel qui avaient coûté un million à Jouffroy et qui furent vendus à vil prix. Ce désastre l'affecta vivement ; depuis cette époque, son rêve constant, dans toutes ses inventions, était bien moins de conquérir une nouvelle fortune que de pouvoir rembourser intégralement les souscriptions dilapidées par le gérant infidèle, dont il était lui-même la grande victime.

Il existe à Paris une manufacture mue par la vapeur, pour l'exploitation : 1° d'un appareil mécanique à sculpter le marbre, le bois, etc.; 2° d'un autre appareil produisant par feuilles la marqueterie la plus variée, en bois, ivoire et autres matières ; ces appareils, de l'invention de Jouffroy, brevetés en 1837, ont fourni des produits admirés aux expositions de l'industrie.

Jouffroy inventa encore un système de construction de mâts de vaisseau, par l'assemblage de pièces tirées d'arbres de faible diamètre, découpés et préparés par une machine à vapeur d'une grande simplicité ; cette invention deviendrait d'une grande utilité si des événements imprévus ne permettaient plus de tirer du nord de l'Europe les grandes pièces de bois servant à la mâture des vaisseaux ; le mémoire et le modèle sont restés au ministère de la marine.

Le 15 novembre 1840, Jouffroy obtint un brevet d'invention pour un système de voitures à train articulé, rendant ces véhicules inversables, leurs mouvements plus doux, et permettant de tourner dans un cercle dont le diamètre n'excède pas la longueur de la voiture ; cette invention reçut de l'Académie des sciences une approbation flatteuse.

Jouffroy consacra vingt années à la recherche des moyens d'appliquer la vapeur aux navires à voiles de toute dimension , de prévenir les accidents sur les chemins de fer , de supprimer les grands travaux d'art des tunnels et de rendre accessibles les localités montagneuses que le système actuel laisse isolées des grandes artères de la vie sociale. Je ne puis mieux faire que de rapporter quelques passages des principaux rapports présentés à l'Académie des sciences, sur ces inventions remarquables, par les hommes les plus autorisés de ce corps savant, délégués pour suivre les expériences des perfectionnements proposés.

Le 4 mai 1840, MM. Arago, Charles Dupin, Poncelet et Séguier attestaient dans les termes suivants le mérite des perfectionnements concernant la navigation à vapeur :

« Fils de l'homme qui le premier réalisa pratiquement
« l'immortelle pensée de Papin, M. de Jouffroy n'a pas cessé
« d'avoir les yeux fixés sur l'œuvre de son père ; jaloux de
« faire des progrès de la navigation à vapeur une gloire de
« famille, il s'efforce d'y apporter son contingent personnel
« de perfectionnements..... »

Après avoir décrit le système proposé et rendu compte des expériences répétées avec une goëlette à quille de 20 mètres de long, cinq mètres de large et deux mètres de tirant d'eau, la Commission terminait ainsi son rapport :

« Vos commissaires se plaisent à reconnaître tout ce que
« présente de nouveau et d'ingénieux ce mécanisme, fruit
« de longues études, de persévérantes méditations d'un in-
« génieur qui s'efforce de chercher les conditions les plus
« convenables pour la solution de l'important problème de
« la navigation à vapeur.

« Vos commissaires vous proposent donc de témoigner à
« M. de Jouffroy l'intérêt qu'inspirent ses travaux et le désir
« de voir couronner d'un plein succès ses louables tentatives
« pour le perfectionnement d'une des plus belles conceptions
« de l'esprit humain, de cette admirable invention de la na-
« vigation à la vapeur, à laquelle les noms français de Papin
« et de Jouffroy doivent être à jamais unis. Adopté. »

Le 2 novembre de la même année, une nouvelle commis-

sion composée de MM. Poncelet, Gambey, Piobert, Auguste
Cauchy, rappelait que la gloire de l'invention de la navigation à vapeur appartient à la France, à la ville de Lyon,
au marquis de Jouffroy. Après un exposé remarquable du
système et des expériences réitérées auxquelles elle avait pré-
sidé, la Commission proposait l'approbation de l'invention.

« On sait aujourd'hui, disait le rapporteur, que le marquis
« Claude de Jouffroy, après avoir dès 1775 exposé ses idées
« sur l'application de la vapeur à la navigation, devant une
« réunion d'amis et de savants... eut la gloire de faire na-
« viguer sur le Doubs en 1776, et sur la Saône à Lyon
« en 1783, les premiers bateaux à vapeur qui aient réalisé
« cette application ; déjà le savant rapport de MM. Arago,
« Ch. Dupin et Séguier a rappelé l'expérience solennelle faite
« à Lyon en 1783, dans laquelle un bateau à vapeur
« construit par Claude Jouffroy, chargé de 300 milliers et
« offrant les mêmes dimensions auxquelles on est mainte-
« nant revenu dans la construction des meilleurs pyroscaphes,
« a remonté la Saône avec une vitesse de plus de deux lieues
« à l'heure ; déjà l'on a signalé l'hommage rendu à l'auteur
« de l'expérience de Lyon par ce même Fulton, qui long-
« temps a passé en France pour avoir découvert la naviga-
« tion à vapeur ; déjà, enfin, les expériences auxquelles ont
« assisté les premiers commissaires, ont fait connaître que
« non seulement le nouveau système est tout à fait rationnel
« en théorie, mais aussi qu'appliqué sur la Seine à une
« goëlette d'environ 120 tonneaux, il a fidèlement rempli sa
« mission.....

« Les expériences nouvelles exécutées sous nos yeux ne
« laissent plus de doute dans notre esprit sur les avantages
« que présente le nouveau système de navigation.... »

La Commission après avoir exposé les avantages et les
inconvénients des roues à aubes, comparativement aux palmes

ou pattes de cygne que M. de Jouffroy plaçait à l'arrière du bâtiment, ajoutait :

« Nous aimons à croire que la vue de tous ces avantages « déterminera la marine française à faire en grand l'essai « de ce système, et que, cette fois du moins, la France ne « se laissera pas ravir une découverte qui peut devenir si utile « à ceux qui les premiers auront su en profiter.... Nous « pensons que ce système est très-digne de l'approbation « de l'Académie. Conclusions adoptées. »

Le 15 mai 1843, M. de Jouffroy obtint un brevet d'invention pour un nouveau système de chemins de fer ; ce système fut l'objet de rapports à la Chambre des députés et à la Chambre des pairs, qui ordonnèrent le renvoi au Comité des chemins de fer, au ministre des travaux publics et au conseil des ministres (*Moniteur universel*, 5 mai et 1er juin 1844).

MM. Arago, Gambey, Piobert, Duffrenoy, Binet, Cauchy, délégués par l'Académie des sciences, apportaient le témoignage le plus concluant dans la séance du 2 novembre 1846. Je regrette que le cadre restreint de cette notice ne me permette pas de reproduire en entier le rapport de la Commission sur une invention ayant pour objet la sécurité des voyageurs, la suppression des dépenses de grands travaux d'art et les intérêts d'un grand nombre de localités.

« Prévenir et diminuer le plus possible les graves accidents « qui trop souvent compromettent la vie des voyageurs sur « les chemins de fer, tel est le but que M. de Jouffroy s'est « proposé d'atteindre... » Suit l'explication du système et la description de la voie, des wagons, de la locomotive, puis la Commission ajoute .

« M. de Jouffroy, pour mieux faire ressortir les propriétés « de son système, a réuni pour l'expérience les principales « difficultés que l'on peut avoir à surmonter ; dans un es-

« pace fort resserré, il a fait construire une voie circulaire
« de 12 mètres 50 cent. de rayon, sur laquelle sont établis
« trois rails.

« Ce système, comparé à ceux qui sont généralement em-
« ployés, offre une sécurité beaucoup plus grande ; les re-
« bords des rails latéraux s'opposent d'une manière efficace
« au déraillement ; la sécurité est augmentée par la stabilité
« du système à laquelle concourt l'abaissement du centre de
« gravité des wagons ; enfin la sécurité est encore accrue
« par l'emploi de divers trains et de deux mécanismes, dont
« l'un produit, quand un choc survient, l'enrayement spon-
« tané, tandis que l'autre permet au conducteur d'isoler les
« wagons, en les rendant indépendants les uns des autres.

« L'expérience réalisée sous nos yeux prouve qu'à l'aide du
« nouveau système on pourra gravir des pentes de 30 milli-
« mètres par mètre et de plus fortes encore ; elles prouvent
« aussi qu'en modérant la vitesse, on pourra parcourir avec
« moins d'inconvénients des courbes de petits rayons. Les
« facilités que présente à cet égard le nouveau système tien-
« nent surtout à la liberté que conservent dans leurs mou-
« vements les roues devenues plus indépendantes les unes
« des autres...

« .... On peut espérer que la faculté de gravir des pentes
« plus considérables et de tourner dans des courbes de petit
« rayon, permettra d'établir des chemins de fer dans les
« pays montagneux, sans recourir si fréquemment à la cons-
« truction de tunnels et de viaducs qui occasionnent d'é—
« normes dépenses....

« .... Il nous paraît désirable que l'auteur soit mis à même
« d'appliquer ce système. » Conclusions adoptées.

Le 24 avril 1838, M. Arago prononçait à la Chambre des
députés, les paroles suivantes qui n'ont pas cessé d'être vraies
depuis un quart de siècle :

« L'art des chemins de fer est encore dans son enfance ;
« ne faites pas, si vous le voulez, la part de l'imprévu, de
« l'inattendu, et d'ordinaire c'est la part du lion ; contentez-
« vous de porter votre attention sur ce qui se fait, sur ce
« qui existe, et vous trouverez partout routine, tâtonne-
« ment, incertitude. Des solutions sont à l'étude, si elles
« réussissent, les chemins de fer subiront dans leurs tracés
« les plus grandes améliorations ; il pourront pénétrer dans
« le cœur des villes sans tout renverser devant eux. Tout le
« monde sent le besoin de perfectionnements... Le génie de
« l'homme n'a jamais manqué à un besoin social. »

Témoin moi-même, en 1846, des expériences faites à
Paris sous les yeux des savants les plus compétents de l'Académie et du corps des ponts-et-chaussées, je ne doute pas
que l'invention de Jouffroy ne donne satisfaction au besoin
social en offrant la sécurité, l'économie et les facilités si
désirables ; l'application de cette invention eût permis d'établir
sans tunnel un chemin de fer de Lyon à la Croix-Rousse ;
elle répondrait à toutes les objections relatives à l'exécution,
aux dépenses, au trafic, produites contre les projets d'un
chemin de fer de Lyon à Fourvière, à Saint-Just et le
long des riants coteaux de la Saône. La ville de Lyon,
qui vit les premiers essais de navigation à vapeur,
aurait encore la gloire de réaliser, dans le système des
chemins de fer, l'application des perfectionnements les plus
importants.

Depuis les expériences de 1846, si favorablement jugées
par l'Académie des sciences, des perfectionnements nouveaux
réalisés par l'auteur ont été brevetés le 9 juin 1861, au nom
de ses trois orphelines ; cependant, un concours fatal d'événements politiques n'a pas permis les applications préparées
en France et en Italie.

Le ministre des travaux publics, prenant en considération

le vœu émis par l'Académie des sciences, avait concédé à Jouffroy, à ses risques et périls et à titre d'essai, une ligne entre
Paris et Nogent ; des études étaient ordonnées simultané-
ment pour relier les fortifications de Paris par le système
Jouffroy ; la révolution de février 1848 ajourna indéfini-
ment toutes les grandes entreprises ; quatre ans après, lorsque le gouvernement put reprendre les travaux d'utilité pu-
blique, les Compagnies puissantes qui offraient plus de ga-
ranties, obtinrent les concessions des nouvelles voies ferrées.

Le gouvernement sarde ayant annoncé le projet du chemin
de fer à travers les Alpes par le Mont-Cenis, Jouffroy pro-
posa d'exécuter ce chemin sans tunnel, en construisant, sur
certains points, des galeries couvertes, ou d'autres travaux
propres à garantir des raffales et des avalanches ; il s'en-
gageait à établir une voie moyennant 40,000 francs par
kilomètre, non compris le matériel roulant, les terras-
sements et autres travaux, d'ailleurs peu dispendieux, en
suivant la route actuelle sur une largeur de quatre mètres; cette
proposition offrait une économie de plus de 80 %, comparativement à la dépense de 50,000,000 que nécessite le percement du Mont-Cenis, dont la durée dépassera douze ans, si
toutefois les eaux qui gênent de plus en plus les tra-
vailleurs et des obstacles imprévus ne font pas surgir des
impossibilités ou de plus grandes difficultés. Jouffroy se
rendit à Turin en 1856, mais un Anglais appuyé par
son ambassadeur l'avait précédé, le percement du Mont-
Cenis allait être soumis à la Chambre des députés. M. de
Cavour promit à Jouffroy la concession de la ligne de la Cor-
niche, de Nice à Gênes et à la frontière du Modenais et mit
préalablement à sa disposition un vaste terrain près de la
citadelle, pour expérimenter le système sur une voie de mille
mètres présentant toutes les difficultés indiquées par le pro-
gramme.... Il fallut recourir à l'Angleterre pour la four-

niture du matériel ; ce ne fut qu'en 1858 qu'une portion de ce matériel fut livrée ; l'agitation qui précédait la guerre suspendit les travaux ; les terrains, prêts à recevoir la voie, furent affectés à un parc d'artillerie ; le premier décembre de cette année 1859, Jouffroy mourait à l'âge de 74 ans, ne laissant à sa veuve et à ses trois filles que les embarras de la liquidation de sa belle entreprise. On lui fit de magnifiques funérailles, l'ambassade de France y était représentée par le premier secrétaire, l'ordre des SS. Maurice et Lazare y avait envoyé une députation des plus anciens chevaliers, la voiture de M. de Cavour suivait le cortège ; la municipalité de Turin concéda gratuitement, à perpétuité, pour sa sépulture, le terrain sur lequel les orphelines ont fait élever un modeste monument.

Jouffroy avait épousé, le 4 mai 1824, demoiselle Marie-Augustine Amélie de Gestas, comtesse chanoinesse de Bavière dont il n'eut point d'enfants ; resté veuf peu de temps après, il épousa en secondes noces, le 2 novembre 1829, Marie Christine-Antoinette Fanelly, fille du colonel de Posson et de Louise de Nettancourt ; de ce second mariage naquirent quatre filles :

Louise Migueline, tenue sur les fonds baptismaux par le roi du Portugal, Don Miguel ;

Marie-Camille-Grégorine, morte en bas âge ;

Marthe-Jeanne-Louise-Catherine ;

Françoise-Jeanne-Michelle-Marie-Caroline.

Jouffroy, d'un naturel simple et communicatif, consultait sa femme dans ses travaux les plus importants et dans les situations les plus difficiles ; elle justifiait sa confiance par la rectitude de son jugement, l'élévation de son esprit et l'énergie de son caractère ; nulle autre n'eût été plus propre à faire son bonheur.

On ne peut se défendre d'un sentiment d'étonnement et

d'admiration en considérant les travaux si divers exécutés par un seul homme, qui passait des dissertations politiques aux compositions littéraires, aux méditations scientifiques et aux occupations manuelles de l'ouvrier mécanicien ou forgeron.

Les premières impressions de Jouffroy, dès l'âge de quatre ans, s'étaient ouvertes aux aspirations de 1789, manifestées avec empressement par ses nobles parents et si cruellement déçues ; il vit sa famille dispersée, plusieurs de ses proches proscrits, jetés dans les prisons ou conduits à l'échafaud ; lui-même, à peine âgé de sept ans, dut aller chercher sur la terre étrangère le calme indispensable aux études qui forment l'homme et le citoyen utile. Lorsqu'un génie restaurateur eut rendu les temples au culte chrétien, rétabli l'ordre social et conduit la France à la réhabilitation par la gloire, le jeune gentilhomme acquitta vaillamment sa dette envers la patrie ; après la paix, il trouva les jouissances les plus vraies dans la culture des lettres ; les travaux scientifiques lui valurent des encouragements qui étaient des triomphes. Il y avait dans cette nature privilégiée le patriotisme du soldat français, l'imagination du poète, le talent du littérateur et de l'historien, la science du financier, la pénétration du diplomate, le génie des inventions mécaniques, l'adresse de l'ouvrier, les vues d'organisation des grandes entreprises et l'intuition admirable qui élevait toutes ces facultés à un haut degré. Invariablement fidèle à sa foi politique, jamais il ne se montra intolérant envers les opinions contraires ; comme son illustre père, l'inventeur de la navigation à vapeur, Achille de Jouffroy se tint loin des honneurs auxquels l'appelaient sa naissance et ses talents ; irrésistiblement attaché à la vie intellectuelle, qui n'est pas celle de la fortune, il conserva l'indépendance du génie et mourut pauvre

En ramenant à son berceau l'enfant de cette cité, que les orages révolutionnaires en avaient éloigné, je le rends à sa patrie, je m'associe à votre culte pour les Lyonnais dignes de mémoire ; je paye un tribut légitime à l'amitié de celui dont il me fut donné d'apprécier les qualités éminentes et les sentiments élevés. Puisse cet hommage porter à la veuve et aux orphelins d'Achille de Jouffroy la consolation de la justice qui survit à la tombe.